NOTICE NÉCROLOGIQUE

SUR

M. CHARLES LUCQUIN

Lue à la séance générale du Comité catholique du troisième
et du quatrième arrondissement, le 30 mai 1881.

PARIS

BRAY ET RETAUX, LIBRAIRES-ÉDITEURS

82, RUE BONAPARTE, 82

1881

COMITÉ CATHOLIQUE

DU

TROISIÈME ET DU QUATRIÈME ARRONDISSEMENT DE PARIS.

Monsieur le Promoteur (1),
        Messieurs,

Pour répondre au désir exprimé par votre bureau, je vais essayer de faire l'éloge funèbre de M. Charles Lucquin, décédé le 13 janvier 1881, vice-président de votre comité catholique, membre du conseil de l'œuvre de l'adoration nocturne, vice-recteur du tiers-ordre de Marie, ancien président de la conférence Saint-Jean Saint-François et membre actif de la conférence Saint-Louis en l'île.

Assurément, Messieurs, il eût été facile de trouver un homme plus habile que moi dans l'art de bien dire ; mais on ne pouvait choisir un collègue qui aimât davantage le très-regretté Charles Lucquin.

L'habitude que nous avons de vivre avec quelqu'un, et d'être témoins de ses vertus nous les fait moins admirer ; nous nous accoutumons à ces actes de dévouement, et tandis qu'une action généreuse d'un inconnu nous surprend et nous ravit, nous regardons sans nous en apercevoir les exemples incessants et admirables donnés par ceux qui vivent à nos côtés.

Tous ceux qui ont connu Charles Lucquin comprennent

---

(1) M. l'abbé de Courcy, président d'honneur du comité.

la justesse de cette remarque et se prennent, maintenant qu'il n'est plus, à se rappeler tous les traits touchants de sa charité envers Dieu et envers le prochain ; ils comprennent mieux cette nature généreuse, ardente, faite de feu, d'énergie, d'amour, et ils voudraient pouvoir photographier cette existence dans les moindres détails.

En effet, Messieurs, soit que nous le considérions comme homme d'œuvres, soit que nous regardions en lui le citoyen ou le commerçant, nous sommes également frappés d'admiration. Il y aurait dans ces diverses considérations de précieux renseignements à recueillir. Certains hommes ont deux manières d'être ; en public, ils sont charmants, dévoués, affables, et possèdent toutes les qualités ; voyez-les dans leur intérieur, ces mêmes hommes deviennent maussades, tristes et grincheux. Celui-ci donne son or, celui-là son talent, cet autre son intelligence, mais il leur faut une galerie et des applaudissements.

Pour le vrai chrétien, il ne doit pas y avoir de ces feintes et de ces déguisements, il doit toujours être le même, toujours aimable, toujours gai, toujours résigné, toujours généreux.

Charles Lucquin fut un de ces chrétiens ; vous le savez tous comme moi, mais tous avec moi vous serez heureux de contempler plus particulièrement ce soir sa grande et noble figure.

Notre ami naquit le 26 novembre 1826, à Provins ; à l'âge de dix ans, il perdit sa mère. N'avoir plus de mère à dix ans, quel irréparable malheur ! perdre sa mère, c'est-à-dire ce qui nous aime le plus tendrement, le plus pieusement, et de la manière la plus désintéressée. Etre si jeune et déjà sans ces caresses si douces, sans ces encouragements si affectueux, sans ces baisers qui raniment et consolent !

Sa jeunesse ne fut marquée par rien de saillant ; il était très-espiègle, très-dissipé, peu enclin au travail, mais excellent camarade, sans fiel, sans rancune, droit, franc, loyal, ouvert, le boute-en-train du collège, le trait d'union entre les natures les plus contraires et les plus opposées ;

lui, aimait *d'abord* tous ses camarades ; eux, l'aimaient ensuite et tous, grâce à lui, finissaient par s'aimer aussi.

Qui de nous n'a ressenti l'effet de cette attraction qu'exerçait notre collègue ? Ce qu'il faisait au collège, ne l'a-t-il pas fait toute sa vie ?

Sa bonne figure joyeuse vous souriait *d'abord,* on lui souriait ensuite ; il vous aimait *d'abord* et ensuite on l'aimait et, à cause de lui, par lui, sans en pénétrer la cause, tous ceux qui vivaient avec lui s'aimaient entre eux. C'est le privilège des saints de répandre autour d'eux la paix, le calme, le bonheur.

Faut-il s'étonner, Messieurs, des conversions qui ont été opérées par lui ? comment résister à tant de bonté et à tant de charité ?

Cependant l'éducation religieuse de notre ami laissa beaucoup à désirer. Provins était une ville où régnait l'indifférence la plus complète en matière de religion. Quant au collège, il était ce que presque tous les collèges étaient à cette époque, et Dieu veuille qu'ils ne soient pas maintenant plus mauvais encore ; on s'y occupait de grec et de latin, mais peu ou point de Dieu ; on y cultivait l'histoire et les mathématiques, mais on n'y apprenait pas le catéchisme. On lui fit faire sa première communion parce que c'était l'habitude, la règle, mais on ne chercha jamais à lui faire sentir toute la grandeur, toute la beauté, de cette union de nos âmes avec Dieu, et les trésors de grâces qu'elle renferme, et la force qu'elle donne, et les devoirs de reconnaissance qu'elle impose au chrétien. Vivant dans ce milieu, camarade du chansonnier Pierre Dupont, chantant avec lui les beautés de la nature, mais oubliant ensemble qu'il n'y a d'autre beauté réelle que la beauté divine, comment Charles Lucquin aurait-il pu croire et aimer ?

Très-jeune encore, il vint à Paris chez un de ses oncles qui l'aimait beaucoup ; il reçut dans sa maison d'excellents conseils, de bons exemples, devint travailleur, courageux, mais point encore chrétien.

Sa conversion était réservée aux prières et aux larmes de cette vaillante chrétienne que Dieu plaça comme un bon ange à ses côtés, et dont nous admirons la touchante résignation en ce moment.

On a beaucoup parlé du rôle des femmes à notre époque ; on ne saurait trop répéter qu'elles sont le rempart le plus solide et le plus inexpugnable de la religion menacée et persécutée. Les hommes sont en général mal élevés au point de vue religieux ; les femmes au contraire connaissent bien leur religion, parce qu'elles l'ont apprise avec plus de soin et plus de persévérance ; la connaissant mieux, elles la pratiquent mieux ; c'est nécessaire. O Messieurs ! ne laissons pas démolir cette dernière forteresse du catholicisme en France ! luttons virilement, sans trêve ni repos, contre l'éducation de la femme par les principes civiques, défendons les sœurs, défendons toutes les institutrices qui enseignent au nom de la croix, et sauvons nos enfants, les enfants de nos frères de cette peste horrible qu'on appelle *l'éducation laïque !*

La lutte fut longue entre cet homme que l'esprit du mal avait tant d'intérêt à conserver pour lui et ce bon ange qui combattait pour l'amener à la lumière de la foi. Les natures molles, faibles, peuvent quelquefois être vaincues facilement ; mais il s'agissait ici d'une de ces natures qui sont faites pour les grandes choses, pour les grands dévouements, pour les grands combats, et contre de tels hommes, il faut des efforts et des énergies extraordinaires. Une conversion, n'est-ce pas, du reste, le plus éclatant des miracles ? Hier cet homme niait Dieu, il niait au moins les rapports d'adoration et d'amour de l'homme envers lui, il ne croyait pas à un Dieu fait homme pour nous, son cœur était fermé à toutes les saintes émotions de l'amour et aujourd'hui cet homme croit, il prie, il espère, il aime, il adore ! Son cœur tressaille d'allégresse à la pensée qu'il peut se reposer à côté du cœur de Jésus, qu'il peut l'aimer comme un ami, un frère !

Charles Lucquin est terrassé par la grâce. Alors il se fait un grand jour dans cette noble intelligence, son cœur fermé jusqu'alors se dilate, s'épanouit, s'ouvre bien grand. Comme maintenant il va aimer Notre-Seigneur ! quel

culte de réparation et de reconnaissance! mais il fera plus,
il deviendra apôtre à son tour.

C'est en vain que le démon suscitera contre lui des dif-
ficultés de toutes sortes ; revers de fortune, procès, trahi-
sons des amis, maladies, etc., il est fort contre toutes les
ruses et les audaces de l'ennemi.

Sa voie est tracée, et il pourra noblement utiliser les gé-
néreuses aspirations de son cœur. Il continuera d'aimer
tout le monde, mais il aimera tout le monde pour con-
quérir les âmes à Jésus-Christ.

Quelle allégresse au foyer domestique quand eut brillé
ce beau jour ! quelle joie dans le ciel pour le retour de cet
enfant prodigue. !

De suite, en 1861, il se fait inscrire parmi les membres
de l'adoration nocturne. Quelle foi, quelle piété dans ces
nuits passées auprès du Saint-Sacrement ! Sa figure si
franche, si belle, devenait alors rayonnante, et l'on se sentait ému, en contemplant ses traits illuminés, transfigurés
par l'amour de l'Eucharistie. Un de nos amis disait :
« Voir M. Lucquin devant le Saint-Sacrement vaut pour
« moi le meilleur des sermons ; je n'ai jamais pu, sans
« être profondément touché, regarder ce visage où se reflé-
« taient la joie, la douceur, l'amour de Dieu. »

Aimer Jésus-Christ, le faire aimer : telle était la passion
qui dévorait cet homme d'élite. Peut-on s'étonner qu'em-
brasé de cet amour, attiré par le désir de plaire à ce divin
Maître, n'aspirant qu'à une seule chose, le voir et jouir
de sa présence, il ait fait bien des fois le sacrifice de sa vie.
Mourir pour Jésus-Christ, c'était son plus grand désir, et
il considérait une telle mort comme un triomphe et un
honneur. Tous ceux qui ont vu et entendu notre collègue
parler de la mort, comprennent la joie des martyrs allant
au supplice.

L'amour de Jésus-Christ ainsi compris amène néces-
sairement l'amour de tous les sacrifices et de tous les dévouements.

Oui, quand on aime Dieu, on aime aussi sa patrie.

En 1870, il fait sans bruit, sans ostentation, avec persévérance, avec gaîté, son devoir de garde national. C'est en couchant dans les casemates humides des remparts qu'il contracta le germe de ce rhumatisme articulaire qui devait le clouer pendant de longs mois sur un lit de douleur.

Vous le savez, Messieurs, notre confrère avait de nombreux ouvriers pour la fabrication du chocolat, il les garde pendant tout le siège comme il les gardera pendant cette époque si fatale de la Commune; il leur procure du travail et, faisant mieux, il partage avec eux les vivres qu'il peut se procurer. Dieu seul sait ce qu'il a donné pendant cette famine, et combien d'enfants il a pu sauver. Pendant que tant d'autres s'enrichissaient, il donnait la plus large partie de ses bénéfices.

La Commune fut l'un des grands châtiments envoyés par Dieu à notre pays coupable. Nous avons tous encore présentes à la mémoire ces journées sanglantes, impies, où l'enfer semblait déchaîné sur Paris.

Pendant que la plupart d'entre nous fuyaient et se cachaient en province, Charles Lucquin était resté. Que craignait-il ? il savait mourir.

Un soir on lui apprend que les jésuites de la rue de Sèvres sont plus particulièrement désignés à la haine des assassins. Il fait la prière en commun avec sa femme et ses deux filles, puis il leur dit : « Le moment est grave, l'heure est venue de se dévouer, mon intention est d'aller m'enfermer avec les pères jésuites et de les défendre; cependant je n'ai pas voulu exposer ma vie sans avoir pris votre conseil, réfléchissez devant Dieu. » La réponse ne se fit pas attendre « Ton devoir est de partir, lui dit simplement madame Lucquin. » Ses filles l'embrassèrent et il alla passer la nuit avec le R. P. Lefebvre. La Providence le réservait à faire encore le bien sur la terre, et l'orage passa sans l'atteindre.

Les pères jésuites n'eurent pas seuls le privilège d'être protégés par notre vaillant confrère; il faisait de fréquentes visites aux dames de Sainte-Clotilde de la rue de Reuilly, les consolant, les encourageant, se faisant leur commissionnaire ; trompant la vigilance des forçats libérés qui s'étaient emparés des dortoirs et des salles du pensionnat, il pénètrera quand même dans la maison. Il est suivi, espionné, menacé. Je vous ai dit, Messieurs, que son sacrifice était fait ; que lui importaient les menaces et le danger ?

Le dernier, il pénétra dans la maison de Sainte-Clothilde ; le premier, il y revint au milieu des cadavres, à la lueur de l'incendie, au bruit des balles qui sifflaient. Nous étions au vendredi 25 mai 1871 ; il allait porter aux religieuses la bonne nouvelle de la délivrance prochaine ; il eut le bonheur de les retrouver toutes, calmes et presque gaies ; il se chargea d'aller rue de Varennes demander un père de la Miséricorde pour qu'elles puissent le dimanche, jour de la Pentecôte, recevoir la sainte communion ; il y avait six semaines qu'emprisonnées et gardées par une bande de misérables, ces dames n'avaient eu cet immense bonheur.

Des jours plus calmes succèdent à cette tempête ; mais la société n'est pas guérie, elle n'est pas corrigée. Un instant stupéfiée par l'audace des incendiaires et des assassins, elle paraît se recueillir ; cette sagesse ne dura qu'un instant ; on recommença bien vite la vie d'autrefois et l'indifférence pour la religion et pour Dieu reprit sa place habituelle au milieu des absorbantes préoccupations du plaisir et de la fortune.

L'idée vint alors à quelques catholiques de se réunir, de mettre en commun leur bonne volonté, leur zèle, leur influence, afin d'opposer ce faisceau compacte aux adversaires de la religion et de la société.

On avait sans doute les Conférences de saint Vincent de Paul ; mais d'après des règles très-sages, cette société s'interdit toute immixtion dans le domaine politique et social, elle visite le pauvre, l'instruit, patronne ses enfants, soulage sa vieillesse ; mais elle ne peut s'occuper de presse, d'enseignement, d'élections municipales, de pétitions, etc...

Un des premiers à Paris fut fondé le comité catholique

du troisième arrondissement. Les réunions eurent lieu d'abord chez M. de Calonne dont vous vous rappelez la bienveillance et la générosité.

M. de Calonne étant mort, il fallait trouver ailleurs un local assez vaste, assez central, pour réunir nos collègues de l'arrondissement.

M. Lucquin, l'un des fondateurs de notre comité, offrit son salon de la rue de Braque. Ce fut dans ce magnifique appartement que nous reçûmes pendant trois ans l'hospitalité la plus bienveillante et la plus gracieuse ; il faudrait ajouter la plus utile, car vous avez pu le remarquer, Messieurs, tant que nos réunions eurent lieu rue de Braque, elles furent très-nombreuses et il arriva souvent que le salon était devenu trop étroit pour contenir nos collègues alors toujours exacts.

M. Lucquin, nommé en 1873 vice-président du comité, fut mêlé à toutes ses œuvres ; il les provoqua souvent, les pratiqua toutes, et les fit prospérer.

Jamais on n'a fait en vain appel à son dévouement ; bien plus, nous ne l'avons jamais vu hésiter un seul instant à rendre un service à la cause de l'Église.

Une école du soir est fondée ; il ira visiter les élèves, se fera examinateur, et rendra tous les services possibles.

C'est au cercle militaire de la rue Montgolfier que nous avons pu tous admirer cet entrain, cette gaîté si sympathiques qui le faisait adorer des soldats.

Est-ce une pétition à signer ? vite, il va trouver ses amis, les persuade, les entraîne ; combien de signatures n'a-t-il pas ainsi recueillies pour la liberté de l'enseignement ?

Son zèle embrasse tout ; il aide puissamment à faire revivre cette fête si belle et si touchante de la réparation à saint Jean saint François.

Vous vous rappelez certainement encore la cruelle maladie qui le cloua pendant de longs mois sur un lit de douleur ; vous savez avec quelle patience, quelle résignation il sut souffrir.

— Il faut tenir vos réunions comme à l'ordinaire, nous disait-il alors.

— Nous allons vous fatiguer ; votre chambre est voisine du salon ; le bruit vous incommodera.

— Non, non, répondait-il ; j'y tiens essentiellement, cela me fera du bien de vous sentir tous réunis à côté de moi, je m'unirai à vous pour glorifier Dieu. — Nos deux plus belles réunions eurent lieu près du lit de notre cher et vénéré collègue.

Le R. P. de Damas et le R. P. Dulong de Rosnay qui avaient présidé ces deux séances vinrent le bénir, lui et son admirable famille.

En 1876, le comité quitta la rue de Braque, et vint s'installer, 212, rue Saint-Antoine.

Ce fut un désespoir pour notre ami de ne plus pouvoir nous accueillir : « Venez, 18, quai de Béthune, disait-il, nous enlèverons tous les meubles, nous ferons des combinaisons, mais venez...

Nous ne pouvons ici, Messieurs, dans ce cadre trop restreint, vous retracer tout ce qu'a fait votre vice-président pour la défense des intérêts religieux ; je ne peux toutefois passer sous silence son dévouement lors de la suppression de l'école de la rue Poulletier.

Au mois de mai 1879, sous un prétexte futile (il s'agissait d'une mèche de cheveux arrachée à un enfant par un Frère qui jouait avec lui) l'école fut fermée.

Aussitôt, le premier, M. Lucquin s'en inquiéta, remua ciel et terre pour faire rendre justice aux Frères calomniés et iniquement remplacés. Sa peine fut perdue, car tous nos efforts vinrent échouer contre la haine des sectaires qui ont entrepris de déchristianiser nos écoles.

Les Frères n'abandonnèrent pas les deux cents élèves qui les réclamaient.

M. Lucquin alla offrir ses services au vénérable curé de de Saint-Louis en l'île, M. l'abbé Bossuet ; aidé d'abord de MM. Jouby et Guillier, il se fit quêteur pour les Frères ; ce fut en allant frapper à la porte d'une pauvre femme qu'il obtint cette réponse si chrétienne et si admirable dans sa simplicité.

— Nous ne sommes pas riches, mais on a bien quelques

pétits souvenirs, demain j'irai vendre un peigne en écaille et mes boucles d'oreille, afin de faire aussi mon offrande aux chers Frères.

Vous savez combien ce comité de Saint-Louis a été dévoué et quels résultats il a obtenus ; il a dû la très grande partie de son succès au zèle entraînant de notre ami.

C'est en allant porter de l'argent au trésorier du comité que soudainement il a été frappé sur le quai d'une insolation qui a été suivie de si déplorables conséquences.

Un soldat du Christ est bien frappé quand il est frappé en combattant !

Peu à peu sa santé chancelle, ses forces l'abandonnent, ses facultés s'affaiblissent, et cependant il conserve encore et il conservera jusqu'à la fin l'amour de Jésus-Christ et l'amour des pauvres.

Tous les jours, pendant deux ans, après avoir entendu la messe de sept heures à Saint-Louis, sa paroisse, il ira monter sa faction rue d'Ulm chez les dames de la Réparation. De neuf heures à onze heures il s'agenouillera et il priera dans ce sanctuaire béni. — « Je ne peux plus rien faire, nous disait-il, que prier, mais je prie de tout mon cœur et à tous les instants pour nos œuvres, pour notre comité, pour mon ancienne conférence. »

Sa conférence, Messieurs, je me reproche de ne pas encore en avoir parlé.

Admis le 19 février 1872 comme membre actif de la conférence de la paroisse Saint-Jean Saint-François, il fut, dès l'année suivante, proposé par M. Duvelle pour le remplacer à la présidence.

— Comme vice-président, j'accepterai de diriger la conférence, mais je ne suis pas digne de porter le titre de président, et il est bien entendu, ajoutait-il, que je suis provisoirement désigné.

Le respectable président des conférences de Paris, M. Decaux, dut passer par cette exigence de modestie et d'humilité. Et sur toutes les statistiques nous voyons son nom figurer comme deuxième vice-président.

M. Proffit nous faisait voir une de ses feuilles ou M. Lucquin avait lui-même biffé son nom porté en regard de la désignation de premier vice-président.

Toujours à la peine, jamais à l'honneur ! Telle était sa devise.

Il ne voulait pas être honoré du titre de président, mais il se dévouait comme le plus dévoué des présidents. Avec quel respect, quelle vénération, quel amour il parlait des pauvres ! comme on sentait bien qu'il voyait en eux les images vivantes de Notre-Seigneur Jésus-Christ.

Ce zèle pour les pauvres, il le communiquait à ses confrères, et tous à sa suite, à son exemple, allaient avec entrain, avec générosité, avec joie, au service des familles malheureuses qui leur étaient confiées.

La sainte famille Saint-Denis du Saint-Sacrement, avait pour lui le plus grand attrait ; nous l'avons vu plusieurs fois à nos réunions, et nous savons avec quelle émotion il en parlait à ses confrères, car il comprenait le bien moral et religieux qui résulte pour nos associés de l'assistance en commun aux réunions du dimanche.

Pourquoi un si vaillant champion a-t-il été enlevé prématurément à la cause catholique ? Pourquoi le vendredi 13 janvier a-t-il plu à Dieu de rappeler à lui ce fidèle serviteur ? Nous n'avons pas à nous le demander.

Dieu nous rappelle à lui quand il lui plaît, comme il lui plaît. Les uns sont cueillis dans leur premier épanouissement, les autres sont moissonnés dans leur maturité, quelquefois dans leur vieillesse.

Dieu a voulu sans doute récompenser plus vite ce soldat de l'Église, et lui épargner la vue de tous les scandales et les sacrilèges qui nous désolent en ce moment. Vous vous souvenez, Messieurs, avec quelle légitime indignation il parlait de la suppression de nos frères, de nos sœurs, de nos aumôniers, de nos cercles ; il n'était pas une douleur de l'Église qui ne devînt la sienne et qu'il ne ressentît amèrement.

Vous avez encore présentes à la mémoire les circonstances de sa mort. Il se préparait à descendre pour assister à la messe, lorsque subitement, il fut frappé d'une nouvelle congestion ; on le releva mourant ; il fut soutenu dans le dernier combat par sa femme, sa fille, et par un religieux dominicain qui avait trouvé l'hospitalité chez notre ami après l'expulsion de son Ordre ; par une faveur exceptionnelle, les dames de Sainte-Clotilde lui envoyèrent sa fille aînée qui est entrée dans leur Ordre depuis deux années.

On meurt toujours bien quand on a vécu pieusement, on récolte alors la récompense des sacrifices, des aumônes, des actes de charité qu'on a faits. Dieu adoucit pour ses fidèles les angoisses de l'heure dernière. A peine eût-il reçu les derniers sacrements, que notre ami retrouva le calme, la paix, et bientôt l'ange du seigneur détacha sa belle âme pour l'envoyer à Dieu.

Dès le lendemain, les membres de la conférence Saint-Louis, plusieurs de ses amis, tous les Frères de la paroisse communièrent pour lui. Précieux témoignage d'affection et de reconnaissance ; puissions-nous mériter aussi au moment de notre mort ces marques si sincères, si fécondes, d'affection chrétienne !

Nous eûmes le bonheur de nous agenouiller auprès du lit où reposait le corps de notre ami. La mort, au lieu de le défigurer, avait au contraire embelli ses traits. Dans cette chambre priaient un prêtre et une sœur ; un de nos collègues, M. Lépine, était pieusement penché près du mort et sa main d'artiste retraçait cette figure calme, souriante, déjà belle par l'espérance du ciel.

Le ciel, c'est la demeure des justes, des vaillants, des forts, de ceux qui ont aimé Dieu et par-dessus tout et leur prochain comme eux-mêmes, de ceux qui se sont oubliés toujours et partout, qui ont été justes, probes, désintéressés, chastes et patients.

Le ciel, c'est donc la demeure de Charles Lucquin. Et cependant, Messieurs, nous nous souviendrons qu'il ne nous appartient pas de préjuger des décisions de Dieu ; nous humiliant profondément devant sa justice, nous invoquerons sa bonté, sa clémence, pour celui que nous pleurons.

Imitons-le encore dans cette solennelle occasion ; chaque matin, en commençant la journée, il offrait ses prières, ses sacrifices, ses mérites, pour l'âme de ceux qu'il avait aimés sur la terre ; il les nommait tous ; faisons comme lui ; tous les jours nommons nos parents, nos amis, nos confrères, qui nous ont précédés ; nous paierons ainsi la dette de la reconnaissance, de l'attachement et de la fidélité.

Le samedi 15 janvier eut lieu l'enterrement ; la cérémonie religieuse fut célébrée à l'église Saint-Louis en l'île devenue trop petite pour contenir la foule. Quel recueillement ! quelle bonne tenue dans l'assistance ! on se sentait là en assemblée chrétienne ; nous suivîmes à pied le cercueil, le soleil était resplendissant et la nature, ordinairement si triste à cette époque de l'année, avait pris comme un air de fête. Pendant tout le trajet, chacun s'entretenait des vertus héroïques de notre collègue et chacun répétait : quelle différence entre la mort des justes et la mort des impies ! quel triomphe pour le chrétien dans ce moment si terrible pour le libre penseur ! quel pieux recueillement à l'office ! quelles espérances sur tous les visages ! quelle sérénité sur tous ses fronts ! comme nous tous chrétiens, nous sentons qu'en accompagnant au cimetière le corps de nos frères, nous pensons qu'ils vivent pour l'éternité, qu'ils sont là près de nous, sollicitant nos prières, et priant pour nous. Oui, Messieurs, nous croyons à la communion des saints, et voilà pourquoi nos enterrements au lieu d'être des corvées lugubres, pleines de larmes, de désespoir, de déchirements cruels, sont des cérémonies où tout nous parle de la joie du ciel et de l'espérance et du triomphe.

Madame Lucquin et sa fille voulurent les premières jeter l'eau bénite sur le cercueil qui contenait ces restes si chers ; après elles, nous prîmes l'eau purifiée priant les anges qui veillent sur les restes des saints, de les préserver de toute profanation.

Et maintenant, Messieurs, que nous avons ensemble rendu ce dernier hommage à celui qui pendant sa vie fut notre modèle, voyons ce qu'il a fait et faisons de même.

Serrons nos rangs ; la mort a frappé coup sur coup sur notre comité ; avant M. Lucquin, nous avions eu le malheur de perdre M. Catillon et M. Poiret.

Imitons ces généreux athlètes qui nous ont montré le chemin ; l'œil sur eux, soutenus par eux, marchons avec courage, avec persévérance, avec énergie à la défense de l'Eglise.

ADÉODAT LEFÈVRE.

www.ingramcontent.com/pod-product-compliance
Ingram Content Group UK Ltd.
Pitfield, Milton Keynes, MK11 3LW, UK
UKHW022348170726
13837UKWH00005BA/2487